कुछ रंग

राधिका जोशी शाह

ISBN 978-1-68586-950-2

क्रम-सूची

क्रम-सूची

क्रम-सूची

क्रम-सूची

क्रम-सूची

प्रस्तावना

“दर्द के एहसास तो बयान हो जाते है लफ्जों में...

खुशियाँ मिल जाये तो कोई ग़ज़ल नहीं मिलती !”

इसलिये जिंदगी में दर्द का होना भी जरूरी है, तभी तो कलम चल पडेगी |

इस पुस्तक में रचयिता ने जिंदगी के कई पहलू को दर्शाने की कोशिश की है |

जिंदगी कोई ब्लैक ऐण्ड व्हाईट फ़िल्म नहीं | जिंदगी बनी है प्यार, नफरत, दोस्ती, दुश्मनी, कुछ गहरे घाव और कुछ मरहम जैसे लोगों के साथ से | रचयिता ने वैसे ही जिंदगी के कुछ रंगो को शब्दों में पिरोया है | जिसे पढते ही हमें याद आ जाता है हमारे जीवन का वो बीता वक़्त जब हम भी प्यार रंग में रंगे हुए थे, साथ ही वो रूठना, मनाना, किसी को खो देने का गम, किसी को पा लेने की खुशी, हार - जीत, सपनों को पुरा करने की जिद्द, वो गिर जाना, गिर के फिर उठना | कविता को सरल शब्दों में लिख कर रचयिता ने हर दिल में अपनी कविताओं की छाप छोड दी है | कुछ कविता आपका हौसला बढायेगी तो कुछ आपको जीने का नया नज़रिया सिखायेगी | इंतजार का दर्द या फिर उसे देखने की आस | पछतावे के आँसू और फिर जी उठने की खुशी इन सब एहसासों से आप तरबतर हो जायेंगे | कविता सिर्फ पढी नहीं जाती जी भी जाती है | रचयिता ने अपने अनुभवों से प्रेरित हो कर ये काव्य संग्रह प्रकाशित किया है | उम्मीद है आपको ये प्यार के रंगो से भरा काव्य संग्रह जरूर पसंद आयेगा |

1. तुम्हारे इंतजार मे...

क्या तुम अब भी सोचते हो मेरे बारे मे?
वो पेड जिसके साये मे खडे रहेकर मै तुम्हारा घंटो इंतजार किया करती थी,
फिर कभी गुजरे हो वहा से?
हां,और वो फूलो की दुकान...
जहा के गुलाब मूझे बेहद पसंद थे ! '
देखना कही अब भी तुम्हारी किताब से उन गुलाबो की महेक तो नही आती?
मूझे बारिश अब इतनी दिलकश नही लगती...
पर हा तुम भिग लिया करो मूझे याद कर के !
और सुनो मैने कॉफ़ी पिना छोड दिया, चाय ही पीती हू,
बिल्कुल तुम्हारी तरह...
तुमने कहा था ऐसे ही हसती रहा करो,अच्छी लगती हो...
मुस्कुराती हू,पर अब आँखो मे नमि आ ही जाती है!
तुम जैसे कोई मनाता नही मूझे तो अब मैने रुठना ही छोड दिया है...
पर हा तुम से अब भी रुठ सकती हू... हैं ना?
मूझे पता है तुम मना लोगे मुझे, हमेशा की तरह....!
तुम्हारे इंतजार मे...

2. उसका जिक्र बहुत हुआ..

उसका जिक्र बहुत हुआ..
चलो आज कुछ अपनी बातें करते हैं !
खुद को निष्पक्षता से पढना,
हर किसी से हो नहीं पाता...
इतना तो हौसला हैं कि जिंदगी से नजरे मिला के चल सके...
खुद को भी मना सके, माफ कर सके...
अपनी नादानिया, कुछ बडी कुछ छोटी छोटी गलतीया,
कुछ अनकहे सच, वही फिर जुठ की अपनी अपनी मजबुरीया....
हाँ गलत हम भी थे कही कही ये मान लेना,
बस इसी मे छीपी हुई होती हैं, दिल की अच्छाइया |
तू गलत हैं या नही हैं इन बातो पे तुझसे उलझ जाना
ऐसी ही
मुझ से तो खूब हुई हैं गुस्ताखीया...
मेरे गलत होने से अगर तुझे तू सही लगे '
तो भी अब शिकवा नही ..
रुकना हैं मुझे कही तो...
थक गये तुझे प्यार का और फिर नफरत का एहसास दिलाते
दिलाते..
और इस बीच मेने हर एहसास को अपने अंदर मिटते देखा!
बहुत डर लगा कही खुद को खो ना दु तुझे तो खो ही दिया !
चलो खुद ही खुद को माफ कर दिया जाये!
फिर गहरी एक तरफा दोस्ती, इंतजार, रुठे हुये को मनाना,
वो ना निभाये साथ फिर भी निभाते जाना,
ये सब कर के और गलतिया नहीं करनी!

एक जिंदगी मे इतना तजुर्बा काफी हैं !

3. फिर याद आयेंगे वो

फिर याद आयेंगे वो अगर मौसम यूँ बेमिसाल रहा,
भुलाकर आये थे जिन्हे अभी अभी!
फिर उठेगे हाथ दुवा मे उनकेलीये ही,
नज़रअंदाज कर आये थे जिन्हे ऐ खुदा तेरे दर से अभी अभी!
मनाने हम ही चल देते है हरबार,
रुठ कर आये है जिनसे अभी अभी!
थामे रखना है वो दामन उनका हमेशा के लिये,
भले ही रुख्सत हो आये है उनसे अभी अभी!

4. इंतजार

कदमों की आहट से तेज़ हो जाती है धडकने..
आपके आने की खबर कुछ इसतरह लग जाती है !
इंतजार में बिछायी थी पलके कब से...
आपके आते ही नजरे हया से जूक जाती है !
किसीके इकरार-इन्कार की दास्ताँ नही है मोहब्बत...
हो जाये एक बार, फिर बार बार मोहब्बत उसी से हो जाती है !
ना होना आपका महेसुस ही नही हुआ...
ना जाने कब किसिकी सांसो से हमारी जिंदगी जूड जाती है !
एहसास सारे अपने अंदर समेट के रखना अभी...
सच्चे प्यार को जल्दी ही नज़र लग जाती है !
बंध आँखो से पढ लेती हू तुम्हे...
हवाये जब चलती है तुम्हारा हाल सुना देती है !
वक्त पर साथ होने से मुकम्मल है मोहब्बते...
इंतजार को जीत समझते है लोग प्यार की,
पर याद रहे,
इंतजार से अधुरी हर मोहब्बत रहे जाती है !

5. जिंदगी है साहिल

जिंदगी है साहिल मौजो से किनारा कब तक करना..
तूफान से लढ़ना ही पडेगा, कब तक हदो मे बन्धे रहना?
सहारा मांगोगे तो संभलना सिखोगे कब?
सहारो का तो हुनर है जब चाहे बेसहारा कर जाना..
अच्छा होता है कभी कभी सबकुछ खो देना भी,
एक दौर से गुजर के,फिर नये दौर में जी उठना..
वास्ता दूर का ही रहा इस भीड से हमेशा,
नही आया कभी बेवजह कभी अपना सर जुकाना,
बेवजह किसी और को
जुकाना...
जीत की गुंज से वाकिफ थे बोहत,
अब सिख चुके है, हार को भी सिने से लगाना...
अकेले सफर तय करने की आदत होनी चाहिये,
कयामत होता है, बिच सफर तनहा हो जाना...
किनारे तक पहुंच ही जाती है कश्ती एक दिन,
दूसरों से कम, उम्मीदें अपने आप से ही रखना ... !

6. दोस्त !

खुशियों के समय बोहत भीड उमड पडती है..
जो दिल का दर्द सुनने बैठ जाये,
वो दोस्त !
क्लासरुम, सिनेमा हॉल या क्रिकेट का स्टेडियम..
उसके बाजू में आपकी जगह संभल के रखे,
वो दोस्त !
हमारी जीत पे पीठ थपथपाये, और हार को भी सहज बना दे.. वो दोस्त !
जिसने सिर्फ आपकी कामयाबी ही नहीं,
बल्कि आपकी नाकामयाबी, मेहनत, टूटना, बिखरना देखा हो, वो दोस्त !
आपसे ज्यादा आपकी फैमिली का
वो लाड़ला बन जाये,
ऐसा दोस्त !
जिसने आपके फटे-पुराने जुतो से ,
शर्म ना महसूस की हो,
वो दोस्त !
केफे में जा के काफ़ी पिने से ज्यादा,
जिसके साथ चाय टपरी वाली कटिंग चाय और पकोडे एन्जॉय कर सको,
वो दोस्त !
इस फोर्मालीटी वाली जुटी स्माइल की दुनिया में,
जिसके साथ वीयर्डली ठहाके लगा सको,
वो दोस्त ! और हाँ खुल के रो भी सकते हो !

ऐसे अनमोल हिरे अगर आपकी जिंदगी में भी है तो उन्हें
संजो के रखिये !
एन्जॉय यारियाँ ...

7. कुछ पाने का मजा है !

जब खो देने को कुछ बचा ही ना हो...
तभी तो कुछ पाने का मजा है !
जब जिंदगी रुलाने पे अडी हो...
तभी तो मुस्कराने का मजा है !
गम हो दिल में लाख सही...
तभी तो किसी और का दामन
खुशियों से भर देने में मजा है !
कोई हरा के चल दे तो और बात है...
खुद हार के किसिको जिताने में मजा है !
रास नहीं आती दुनियादारी समझदार लोगों की...
नासमझी में कुछ अच्छा कर देने में मजा है !

8. खुशियों से गुजारिश है

जब साँसे हो कम बाकी, तभी तो जीने का मजा है !
मुझे मिले ना मिले..
खुशियों से गुजारिश है, वो आपकी बन के रहे !
हर सुबह हो मुस्कराती हुई, जैसे कोई दुवा हो, वैसे हर शाम रहे !
ख्वाबों से सजी चांदनी रात रहे,
जो दिल में हो,
वो ही आपके करीब रहे !
साथ रहे अपनो का,रिश्तों में मिठास रहे,
बाकी है जो जिंदगी,
चलो वो भी आपके नाम रहे !

9. शिकायत नहीं बस शुक्रगुजार है...

शिकायत नहीं बस शुक्रगुजार है...
खो के सब कुछ भी,
आपसे ज्यादा हम जो आबाद है !
ना उम्मीद... ना अफ़सोस... ना कडवाहट
सोचो क्या मिटाया आपने?
हमारे अंदर अब भी बस प्यारे जज्बात बाकी है !
वो वक्त गुजर चुका जब आँखों में नमी छोड गये,
अब देखो आपके लफ़्ज़ भी हमसे मुस्कराहटें उधार माँगती है !
वो नहीं बदलते जिनकी फितरत में बदलना ना हो,
आपके ये बदले बदले तेवर हमारे उसी अंदाज को तरसते है !
अदालत आपकी...फैसला आपका...
जाहिर है हम ही गुनहगार ठहराये जाये,
हर इल्जाम फिर भी आपसे आपकी वफा का सबूत माँगते है!
ना हो सकी आपसे हिफ़ाज़त जज़्बातों की तो कहे देते,
हमारी जिंदगी आपकी यादों से अब रिहाई माँगती है !
ऐसे ही हैं, हम जैसे है बस ,
अपना कहे दिया किसे तो हर हाल में उसके लिए फिर दुवा ही निकलती है !

10. तुम महफिल हो जैसे !

तन्हाईयो मे तुम महफिल हो जैसे !
अधुरी ना रहे जो, तुम दिल की वो दास्ताँ हो जैसे !
ये बारिश...ये मौसम... इस मंझर में तुम ही शामिल हो जैसे !
सपना हो तुम या हक़ीक़त में हो?
ना जागना चाहु जिससे,
तुम वो खूबसूरत ख्वाब हो जैसे !
मेरी मंजिल है तुम से तुम तक ही,
यादगार रहेगा ये साथ,
जन्मो जन्म की प्रीत हो जैसे !

11. जरूरी हैं...

खता हो तो माफी माँगना जरूरी हैं।
आँखों में कहानी हो तो नजरे झुकाना जरूरी हैं !
क्यु उलझना खुद में उलझे लोगों से?
नजरअंदाज हो जज्बात उससे पहले फासले जरूरी हैं !
नाराजगी हो लाख फिर भी जाहिर होना जरूरी हैं !
हो कोई कड़वाहट उसे मिटाना जरूरी हैं !
क्यु खामोशियों में बंधे रहना?
विरान करें वो खामोशी किसी और की दुनिया...
इससे पहले कुछ कहे देना जरूरी हैं !
रुठ जाये कोई तो उसे मनाना जरूरी हैं !
टूट जाये कोई तो उसे सँवारना जरूरी हैं !
फिर भी ना हो पहचान अपने परायों की तो..
जमाने में जमाने की तरह ढल जाना जरूरी हैं!

12. रिश्ते..

रिश्तों में आयी धूप को अपनेपन की छाव से सँवारना !
आँखों में अश्क नहीं ख्वाब सजाना !
कुछ हासिल नहीं दूरियाँ बढाने से...
एक प्यारा सा दिल अपने अंदर मौजूद रखना !
लोग बदल जाते है अकसर, रिश्ते नहीं !
वक्त वक्त पर रिश्तों को निभाये रखना !
सुना हैं आखिरी दम तक ताल्लुक आजमाते हैं रिश्ते...
जो ना निभा सको तो पहले ही वास्ता दूर का रखना ।
बहुत नाज़ुक होते है ये धागे रिश्तों के,
जुड जाये किसी से तो खयाल खास रखना !

13. फरिश्ते की तरह थी वो !

फरिश्ते की तरह थी वो !
मेरी नहीं कोई... ना मुझ सी थी...
फिर भी कुछ कुछ मेरी थी वो !
मेरी सुबह की शुरुआत...
रात की गहरी नींद थी वो...
मेरी हंसी, मेरा साथ, मेरा विश्वास थी वो !
सोचा था संभाल के रखेगी मूझे अपनी अमानत समझ के..
मेरे मन से जुड़ी अटूट डोर थी वो !
इतना जरूरी नहीं लगा किसिका होना कभी...
दिल के रिश्तों में सबसे करीब थी वो !
मेरी उम्मीद... मेरी जिद्द...मेरा बचपना...
सबसे वाकेफ़ थी वो !
मेरी जिंदगी का हिस्सा या फिर मेरी जिंदगी थी वो !
खुशियों से भरा रहे दामन उनका हर पल
सुकून इस बात का रहा,
आज बडे अरसे बाद. . .
मेरे सामने थी वो !

14. तु जीना सिख ले..

जी के देखो बहुत खूबसूरत है जिंदगी !
अपनो का साथ हो जब,
दुवा से कम नहीं है जिंदगी ।
अधूरे से ख्वाब में, हकीक़त बन के बस जाती है जिंदगी !
किसी की धडकनो में किसी का एहसास बन के रहती हैं जिंदगी !
पूराने फसानो में याद हैं जिंदगी !
अभी इस पल में, तेरे साथ हैं जिंदगी ।
गुजर ना जाये कोई पल बीन जिये...
तु जीना सिख ले, तेरी हो जायेगी जिंदगी !

15. ए जिंदगी..

वजह तु जितनी भी दे पलकें भिगोने की..
ए जिंदगी..
तुझे हँसते हँसते हम गुजार ही लेंगे !
एक ख्वाब टूट जाये तो क्या?
और कही हक़ीक़तों में नये ख्वाब समेट लेंगे !
बेवजह सा लगता हैं सफर, कारवाँ भले ही साथ हो...
कुछ पल तन्हा सफर से राहो को निभा लेंगे !
सब वक्त वक्त की बात हैं...
फिलहाल नाकाम ही सही,
जिंदगी कभी तो तेरे काबिल बन ही जायेंगे !
दूसरों से हारो, अपने आप से नहीं...
कभी हारने के लिये भी कुछ होता ही नहीं...
हर हालात में हौसला कायम हो तो समझो जिंदगी जीत लेंगे !
अच्छे अच्छों को भुला देते हैं लोग वक्त के साथ...
जियो तो ऐसे जियो, तुम्हें याद कर के लोग वक्त को भूला दंगे !

16. हाँ तुम से तुम्ही तक..

सिर्फ एक उमर का गुजर जाना नहीं है जिंदगी !
जिस पल में साथ हो वो,
उस पल में समेट जाती है सारी जिंदगी ।
साँस लेते हो सिर्फ तो क्या जिये?
किसी और की धडकनो में बस जाना हैं जिंदगी ।
अचानक बरसने वाली बारिश की तरह होती है जिंदगी !
किसी की खुशियों में छिपी, किसी की दुवा होती है जिंदगी !
झुकी नज़रों से पढ ली जाये,
ऐसी कहानी होती है जिंदगी !
हिफाज़त उसके हर ख्वाब की करना है जिंदगी !
तनहाइयों में यादों का कारवाँ है जिंदगी ।
एक उम्मीद एक भरोसा है जिंदगी !
कभी वफा तो कभी बेवफा है जिंदगी !
जानी पहचानी तो कभी अजनबी सी है जिंदगी !
कभी धूप में एक छाव है जिंदगी !
सहरा में सावन, बहारों में गुलफाम जैसी...
हाँ तुम से तुम्ही तक है मेरी जिंदगी !

17. माँ

दोस्त मिलेंगे , हमसफर, हमदर्द भी बहुत मिलेंगे !
बेसहारा कर जाये बिच सफर में, सहारे ऐसे खूब मिलेंगे !
एक ही साथ सच्चा.. एक ही प्यार सच्चा !
"माँ" की ममता में हर एहसास सच्चे मिलेंगे !
माँ का हाथ सर पर हो तो,
कइ दुवाओं के अमल तुम पे एक साथ मिलेंगे !
तुम हँसो तो वो भी मुस्करा उठे..
अश्क तुम्हारे भी माँ के आँखों में मिलेंगे !
आजमा के देखो , कभी सब कुछ खो कर देख लो..
सब भुला देंगे रिश्तों की अहमियत !
एक हारे हुए को भी सीने से लगा सके जो,
वो जज्बात माँ के दिल में ही मिलेंगे !

18. तुम आते हो

तुम आते हो सपनों से सजी रात ले कर...
खुशियाँ बेशुमार, प्यारी सी कोई नादानी ले कर..
कैसे फेर ना लूँ तुम से नजरे कहो ?
आते हो तुम आँखों में ना जाने कितने ख्वाब ले कर...
तुम आते हो धडकनो में, मेरा एहसास ले कर...
वादे बेशुमार, और एक प्यारी सी कहानी ले कर...
झुका ना लू नजरे तो क्या करु ?
आते हो तुम आँखों में ना जाने कितने जज्बात ले कर...
तुम आते हो कोई प्यार भरा पैगाम ले कर...
सवाल बेशुमार, खुद ही सारे जवाब ले कर...
रोक लेती अपने कदम मै मुश्किल से,
फिर भी जाते हो तुम,
हर बार मेरे वजूद को अपने आप में ले कर !

19. इश्क़

"अपना खयाल रखना" कही अर्से बाद उसने आज कहा...
मानो की किसी गेहरे घाव पर हलके से मरहम लग गया हो !
कोई यादो की गलियो मे फिर से ले गया हो !
फिर से प्यार का रंग चेहरे पे झलक रहा हो ।
बातो के लेहज़े भले ही थोडे अजनबी हो चुके है,
पर दिल की धड़कन फिर से उसी आवाज पे रुकी हो !
दोनो भी अपनी मंजिल तय कर चुके है,
जैसे फिर वापस किसी रास्ते पे मिलने की उम्मीद ना हो !
इश्क़ ही था इसलीये मुक्कमल ना हुआ,
अंजाम जुदाई हो तो ऐसा मिलना ना हो !

20. हर एहसास

हर एहसास को तुम अपने अंदर ज़िंदा रखना !
अजनबी भी भुल जाये अपने गम ,
ऐसी मुस्कराने की तुम अदा रखना !
दिल की नजदीकियों से दूर भागते है है कुछ लोग,
ऐसे दिलो की हिफाजत खास रखना !
बात तो निभाने की होती है,
हर हाल में फिर निभाये रखना !
मत रखना जुठी मुहब्बतें किसी के लिये,
नफरतें हो तो वो भी सच्ची रखना !
जिक्र ना कर सको जिसका.. ना वो शख्स आसपास में हो,
उसे भी शामिल दुवा में हर पल रखना ।
बेपरवाह सा नजरिया भले ही हो अपना,
अपनो की परवाह में कोई कमी ना रखना !
ये जिद्द कैसी की कोई समझे हमे भी..?
अपने आप को बस अपने लिए ही खास रखना !

21. संस्कार

अपने बच्चों को संस्कार दो पर उन्हें
अन्याय के खिलाफ आवाज उठाना भी सिखाओ !
वरना संस्कार के नाम पे किसी को तकलीफ़ पहूचाना
इससे बडी दुर्बलता और कुछ भी नहीं !
औलाद संस्कारी हो पर दुर्बल नहीं !
सहन करना!
अपनी विवेक बुद्धि का उपयोग करने में संकोच करना!
और अन्याय को होने देना
संस्कारों की सबसे बड़ी हार है!
कोई बड़ा गलती करें या छोटा!
गलती तो गलती होती है!
बडो के सामने जूक जाना संस्कार है तो छोटों का सम्मान करना भी फर्ज़ है!
संस्कारों की आड में किसी के भी साथ अन्याय ना हो
तब वो संस्कार साबित होते है !
वरना वो बच्चों को इतना कमजोर बना देते है की
जीवन भर के लिये ऐरी सिख अभिशाप बन जाती है !
जो सही और गलत का मापदंड बड़े और छोटे में भेदभाव कर के ले!

22. तेरे लिये...

सजी हू सिर्फ तेरे लिये...
आईना देख ले मुझे, इससे पहले तुम्हें आना होगा!
तस्वीर देख लूँ तो तुम्हारा वजूद सामने आ जाता है . .
मन में बस गई है जो तस्वीर, उसके खातिर तुम्हें आना होगा !
दी थी तुमने जो बेरंग चुनरी इंतजार के नाम...
रंग भरने उसमें अब तुम्हें आना होगा !
अधूरी रहे जाती है जिंदगी जब साथ अधुरा हो...
पूरी करने जिंदगी मेरी, तुम्हें आना होगा !

23. मिसाल

जिंदगी में तुम जिंदगी बन के आये हो !
लिखती हु तुम्हें रोज मगर,
आज तुम खुद गजल बन के आये हो !
हातो में मेहँदी जो सजायी मैंने,
तुम गहरा रंग बन कर आये हो !
ख्वाबों की दुनिया में,
तुम हक़ीक़त बन कर आये हो ।
बरसती रहेगी जो हमेशा,
तुम वो बरसात बन कर आये हो !
अधूरी नहीं रहती हर मुहब्बत,
तुम उसकी मिसाल बन कर आये हो !

24. पहली बारिश

पहली बारिश का मंझर ही कुछ खास होता हैं..!
अंदाज अलग... एहसास अलग !
इंतजार उसका... उसका ही खयाल !
प्यार का पैगाम... कही यादों का मौसम !
कही मिलने की कशिश... कही जुदाई की तडप !
नयी उम्मीद... कही पुराने घाव !
सब याद दिलाती है पहली बारिश...!

25. सुकून घर

घर वो जहाँ सुकून मिले !
वो सुकून जो रुह को आराम दे !
जहाँ के दर दिवार में भी जान आजाये आपके होने से !
जहाँ सिर्फ साँस लेना ही जिंदा होने की निशानी ना हो,
जो हमें जिंदादिल रख सके वो घर !
जहाँ बोलने से पहले सोचना ना पडे !
जहाँ मन की करने में कोई खलल ना पडे !
जहाँ हँसने में शामिल हर इन्सान हो,
और रोने का भी अपना एक कोना हो !
घर तो बहुत सारे जगह बनाये जाते हैं !
पर 'सुकून घर' हर जगह नहीं होते !

26. ये उन दिनों की बात हैं...

दोस्ती के नाम ही जाया कर देते थे पुरा दिन !
ये उन दिनों की बात हैं...
जब जिम्मेदारियों की कोई समझ नहीं थी !
ना दुनियादारी की पहचान !
दोस्ती के पीछे अपना सारा समय लगा देना !
जहाँ हम ने अपना वक्त, अपने जजबात, अपनी हँसी,
अपने गम, अपनी खुशी,
अपना हर पल लगा दिया हो और चोट वही से मिले
तो फिर क्या खूब सबक मिलता हैं !
किसी की फितरत से रुबरु हो जाओ तो
हम भी अपना स्वाभिमान बचा के रख सकते हैं,
और उसको उसके अभिमान के साथ छोड़ सकते हैं !
छोडना बहुत जरुरी हैं !
किसी की बुराई में अच्छाई देखना कभी कभी खुद पे ही भारी पड़ जाता हैं !
किसी के साथ जब हम जिंदगी का एक हिस्सा जिये होते हैं
तो बेशक यादें भी बहुत सारी होगी !
ना चाहकर भी यादें आ ही जाती हैं,
पर वो सिर्फ "याद" होती हैं
जिसमें कोई "एहसास" शामिल नहीं होता !
जिसका वजूद ही नहीं कुछ हमारी जिंदगी में
वो ही लोग हमारे वजूद को अपनी जिंदगी से मिटा नहीं पाते जब...
तब महसूस होता हैं कितना कुछ हारे हुए हे वो !

खुदा करें वो और देखे !
देखे कि हम कमजोर नहीं !
हम अपने हर इम्तिहान को हँसते हँसते पार कर जाते हैं !
जिसने हमें हमारी नाकामिया गिनाई हो,
वो अब हमारी कामयाबी भी देखे !

27. दोस्ती

खेल के जिसके साथ फ़ेक दिया जाये ,
ऐसा खिलौना नहीं है " दोस्ती"!
धीरे धीरे दिल में बसाकर दोस्त को,
अचानक गैर बना देना नहीं हैं "दोस्ती"!
राह में कोई और मिल जाये तो ,
बीच सफर में साथ छोड़ना नहीं हैं "दोस्ती"!
हर पल, हर लम्हा सामने हो कर भी,
दोस्तो को अजनबी कर देना नहीं हैं "दोस्ती"!
उम्मीद हैं हमे, आप समझ गये होंगे,
आखिर क्या होती हैं "दोस्ती" !

28. खुशनसीब

दोस्त की खातिर जान की बाजी लगा देना होती हैं "दोस्ती"!
आँखो के आँसू तो सब देख सकते हैं ,
दिल के रोने की आवाज सून सके वो “दोस्ती"!
प्यार के बदले प्यार तो हर कोई देता हैं,
नफरत के बदले भी अपनापन दे,
ऐसी निस्वार्थ होती हैं "दोस्ती"!
दोस्त की चोट से, खुद को दर्द हो,
इतनी गहरी होती हैं “दोस्ती"!
अपनी जीत मे, उसकी जीत . और हार में, खूद की हार
ऐसे निभायी जाती है "दोस्ती"!
बहुत खुशनसीब होते है वो लोग जिनकी ऐसी होती हैं “दोस्ती"!

29. कसौटी

इश्क़ की राह पर , जरा संभलके चलना..
यहा हर कसौटी से पार होना है!
टूटे हुए सपनो के साथ, मुस्कुराते हुए जीना हैं!
यहा कोई पल भर में अपना बन जाता है,
और फिर अचानक ही जिंदगी से दूर हो जाता है!
सारे कसमे वादे तोडकर किसी और का दामन थाम लेता है !

30. साथ छोडते देखा है

आँखों मे संजोए हुए सपनों को बिखरते देखा हैं!
दिल से जुड़े रिश्तों को, पल भर में छूटते देखा है ।
मुस्कुराते है जो लोग सब के सामने ,
तनहाई में उन्हें अश्क बहाते देखा है !
दोस्त कहलाने वालो को,
छुप के वार करते देखा हैं !
करीब हो जब प्यार तो उसकी कदर नहीं होती,
दूर होते ही उसके पल पल तडपने वालो को देखा है!
किसी और की दुनिया मे रंग भरते भरते,
अपने आशियाने को मिटते देखा है ।
मंझीले बदलती हैं,सपने बदलते है,
हमने तो इन्सानो को बदलते देखा है !
हम कदम हैं आपके ये कहनेवालो को,
बीच राह में साथ छोडते देखा है !
किसी को अपना भी नही कहे सकते यहा,
हमने जज़्बातों का मजाक उडते देखा हैं!
नही जानते और क्या क्या देखना है,
हर यकिं को फरेब में बदलते देखा है !

31. खुदगर्ज

हर रिश्ते को दफना चुके है !
हर बंधन को तोड चुके है !
कौन दोस्त? किस की दोस्ती?
सब कुछ भूला चुके हैं।
अपने आप को मित्र कहलाने वाले ही,
शत्रुओ सा व्यवहार कर चुके है !
उनके हर वार को आखिरी समझकर
बार बार उनपर हम एतबार कर चुके हैं!
उनकी राहो को आसान बनाने,
हम शीशे के टुकडो पर चल चुके है !
दर्द नहीं होता उन्हें हमारी चोट से,
यही सोचकर हम "खुदगर्ज" हो चुके हैं!
दोस्ती के बदले बेवफाई मिली तोफे में,
हम तो अपनी वफाएँ उनके नाम कर चुके हैं!

32. हर पल

हर पल खुशी से जी लो, बार बार ये लम्हे वापस नहीं आते!
दूर चले जाते हैं जो एक बार, फिर लौट के वो लोग कभी नहीं आते !
कर दो इजहार प्यार का,किस्मत अपने प्यार से हर दिन नहीं मिलाती !
अगर दर्द से गया हो कोई गहरा,
मुस्कराहटों को सजाए रखो लफ्जों पर,
इससे बडी उसके लिए कोई सजा नहीं होती!
याद जब सता रही हो किसी की,
समझ लेना वो "खास" हैं आपके लिए,
यु ही ये पलकें किसी का इन्तेज़ार नहीं करती !
माफ कर दो सबको, भुलाकर उनकी गलतिया,
याद रखो, क्षमा से बड़ी कोई शौर्यता नही होती !
कहने वाले कहते है,
प्यार और जंग में सब कुछ जायज हैं!
पर धोखे से हासिल हुई जीत काबिल-ए-तारीफ़ नहीं होती !
कम्प्यूटर की भाषा, हम आसानी से समझ लेते हैं,
पर किसी की आँखों में रही सच्चाई को नही पढ पाते !
अभी से ही संभल जाइये जनाब,
कही जिंदगी ऐसे मोड पे ना ला दे
जहाँ अपने आप को ही खूद की पहचान नहीं होती!

33. वजह

जिंदगी की सारी खुशिया रब ने हमारी झोली मे डाल दी !
दोस्ती और प्यार से हमारी जिंदगी सजा दी।
लोग भीड में तनहा समझते हाय हमे,
पर सच तो ये हैं की तनहाईमे उन्होने यादो की महेफील सजा दी !
महेसुस किया है मिलन की मिठास को और जुदाई की तडप को,
खुदा ने हर एहसास से हमारी कहानी जोड दी ।
जब से दूर हुए है उनसे, हमने तो जीने की वजह ही खो दी !

34. इत्तफाक

दिल की हर धडकन मे तेरा दर्द छुपा हैं!
दो पल प्यार जता के फिर हमे बेगाना किया है!
नहीं सोचा था कभी आप यु बदल जाएंगे,
एक ही पल में सारी खुशियाँ चुरा लेंगे !
आज भी यकीन रखते है हमारे प्यार पर,
एक दिन आप जरूर लौट आयेंगे!
जानते है आपके लिये हम कोई खास नहीं ,
फिर भी अगर इत्तफाक मिला दे किसी राह पर
तो खुदा के लिये नजर अंदाज नहीं करना..
आजमा लेना चाहे हमारी इबादत को,
पर यु ही पहचान ने से इनकार नहीं करना !

35. मुहब्बत की दास्ताँ

वादों को तोडना हम नहीं जानते!
नफरत हो हर दिल में हम नहीं मानते !
कुछ होते है पत्थर दिल है वो ये जताने वाले,
पर आँखों मे झलकता प्रेम जुटा हो हम नहीं मानते !
क्यु रूठ जाते है दिल मे बसने वाले ,
टूटते है दिल यु के फिर कभी जूड नही पाते !
मिल के बिछडना, बिछडके फिर मिलना,
रिश्तो की कसौटी में हम हर बार जीत नही पाते !
ठेस पहूचाते है जो दिल को,
उनकी भी आँखों में अश्क हमें मंजूर नहीं होते !
मुहब्बत की दास्ताँ होती ही है कुछ ऐसी,
परछाई भी उनकी हम टाल नहीं पाते !
मिट जाये चाहे उनकी ख्वाईश मे, पर यादों को उनकी मिटा नहीं पाते !

36. कुछ ही दिनो का है ये साथ

हमे आज इंतजार है उनके लौट आने का,
कुछ तो असर हुआ होगा हमारी गैर मौजुदगी का !
कुछ ही दिनो का है ये साथ,
फिर जरुर अफ़सोस होगा उन्हे खुद की बेरुखी का !
अश्क भी नही बहे सकेंगे हमसे जूदा हो कर,
इतनी गहरी चोट लगेगी,
हमारा साथ छूटने पर,
पास हो कर जो कभी हमे समझ नही पाए,
दूर होते ही हमारे हर एहसास को महसुस करेंगे !
कदम शायद हमारे उनकी और ना लौट पाए
खूदा करे दिल तोडनेवालो को उसकी एहमियत समझ आए !
हम तो चल दंगे जहा राहे ले जाये,
खूदा ना करे वो किसी और के साथ चल ही न पाए !

37. यकीन

उसे खो कर जैसे हर रिश्ता खो दिया,
दिल से जुड़े हर एहसास को खत्म कर दिया !
छिपा नहीं सके जो दर्द दिल का,
विरानियो में खूद को कैद कर दिया !
तोडा यकीन कुछ इस कदर जैसे,
सांसो को धडकनो से जुदा कर दिया ।
प्यार इतना था उनसे के सिर्फ उस की खातिर,
हर हार में जीत को शामिल कर दिया !
उनकी चाहत थी हमे भुलाने की,
हमने उनकी इस ख्वाईश को भी पुरा कर दिया !
तलाशती रहती है नजरे जिसे,
दिखते ही उसके पलकों को झुका दिया !
नाकामयाब हम कभी नहीं हुए,
पूरा कर के उनकी हर एक चाह को,
हमने हर कसौटी को पार कर लिया !
दिल में ना सही, यादों में जरूर बसे रहेंगे हम,
क्युकी हँसते हँसते हमने उनकी नफरतों को भी अपना लिया !

38. बुनियाद

जज्बातोकी कदर हर कोई नही करता !
रिश्तो की डोर को हर कोई नही संभालता !
जहा भरोसे की बुनियाद ही ना हो,
वहा साथ हो कर भी कोई साथ नही निभाता !

39. हर चहेरे को पढा है

हर चहेरे को पढा है हमने किताब की तरह!
जैसे जान लिया हो हर किसी को साफ आयने की तरह!
होते है कुछ जुटा प्यार जतानेवाले,
तो कोई होते है मुहब्बतो को दिल मे संजो के रखनेवाले !
सच मानिये यही है हकिकत !
जान कर भी सब अंजान बनना पड़ता है !
ना चाहते हुए भी हर किसी को अपनाना पडता है !

40. उम्मीद

बिखरे हुए रिश्तों को हमने फिर सवार लिया ।
रुठे हुए दिल को फिर मना लिया !
ऊपरवाले की मर्जी थी शायद,
वो मिले इस कदर जैसे किनारे से किनारा मिल गया !
सब कुछ खो चुके थे, बस उम्मीद ही बाकी थी !
नफरतों को उनकी , हमारे प्यार ने मिटा दिया !
कोशिशें नाकाम रही उनसे दूर जाने की,
इत्तफाक ने हमें हर मोड पर मिला दिया !

41. दिल से

जूड गया हो कोई दिल से
तो फिर उसे दूर नहीं करना ।
लाख कोशिशें करने पर भी छोड न सके आपका साथ,
इतना उसे प्यार करना !
हर उम्मीद पूरी हो ये मुमकिन नही,
पर दोस्ती की हर रस्म को उम्रभर निभाना !
टूट रहे हो जब विश्वास के धागे,
साथ बिताए लम्हौ को याद करना !
मुहब्बत से ही मिट सकती है नफरतें,
ये बात हमेशा याद रखना !
मिलाने का काम रब करता है,
जुदा करना उसकी फितरत नहीं..!

42. साँसे

चुनते हैं रिश्तों को हम ही और बिछड़ने पर उसको इल्जाम देते हैं
!
साँसे तो सब की पहले ही तय होती है..
फिर क्यु साथ जीने मरने की कसम खायी जाती है?
दुवा वो किसी की ना कबूल नहीं करता..
घने अँधेरों मे भी रौशनी की किरन दिखाता है ।

43. अजनबी

हमने हर बार खुद को सवार लिया,
टूटे हुए धागो को फिर से जोड दिया...
इतनी आसानी से नही बिखर जाते रिश्ते,
हर मोड पर हमने अपनो का साथ दिया...
अजनबी हो गये कुछ अपने वक़्त के साथ,
तो हमने खुद के नज़रिये को बदल दिया...
गहरी चोट पहुंचा गये वो,
उनकी यादो को तो नही मिटा सकते,
पर उनकी यादो मे भी ना आये हम
इतना खुद को दूर कर दिया...!

44. इम्तिहान

छूट चुके थे जो लम्हे कही,
उनको कुछ पल के लिए ही सही फिर जी लिया ।
खफा रहते थे हमसे जो अकसर
उनके दिल में अपना बसेरा बना लिया !
इम्तिहान खूब दिये चाहत में,
रब ने वफा के बदले ये खूबसुरत तोहफा दिया !
ख्वाबों में नहीं सोचा था जो,
खुदा ने हक़ीक़त बना के हमारे सामने रख दिया !
शुक्रिया अदा कैसे करे हम?
जिते जी जन्नत का नज़राना बहाल कर दिया !
कैसे बताये कितना प्यार हैं उनसे?
अपनी हर साँस को उनके नाम कर दिया !

45. बंधन

जब तोड देता है यकिन कोई अपना,
तो हर किसी से भरोसा उठ जाता है !
चाहे कितनी भी करे हम कोशिशे,
धागा वो प्यार का टूट ही जाता है !
नही मायने रखता कोई भी रिश्ता,
जब जज्बातो से कोई खेल जाता है !
बहुत दिखा दिये किस्मत ने खेल ऐसे, ,
अब किसी बंधन को निभाया नही जाता हैं।

46. ना कोई शिकवा है..

ना कोई शिकवा है ना कोई शिकायत किसी से !
ना कोई सवाल ना कोई उम्मीद है किसी से !
मायने नहीं रखता अब कोई इत्तफाक ना जज्बात किसी से !
निभाओ रिश्तों को पर ऐसे की
उनको मनाने मे हम रुठ ना जाये खुद ही से !
जाने जब से अंदाज है कुछ अपने कहलानेवालो के,
दूर हो गये उस हर एहसास से जो जोडता है किसी को किसी से !

47. अंदाज

कितने अजीब होते है अंदाज कुछ,
ना हो दिल में प्यार तो भी जताना पडता है !
इबादत नहीं करते जिनकी उनके सामने भी झुकना पडता है !
उसूलों को भुलाकर किसी और का साथ देना पड़ता है !
रूठना यहाँ मंजूर नहीं, अपने जज़्बातों को मिटाना पडता है !
ये रिश्ते भरोसे पे नहीं बल्कि समझौते पर निभते है,
टूटने पे दर्द नहीं होता क्युकी ये कभी जुड़े ही नहीं होते है !
जाना ये हमने,
वक़्त के रहाते रिश्ते भी बदल जाते है !

48. इतना मत चाहो किसी को

इतना मत चाहो किसी को की,
दूसरो को मनाने मे खुद से ही रुठ जाये,
हसते हुए भी अश्क बहे जाये,
उनको जिताते जिताते हम जिंदगी से हार जाये,
मत सोचो इतना की हम खुद को ही भूल जाये,
छोड दे कोई साथ बिच सफर मे तो भी दिल मे उनकी यादे रहे जाये,
पर कभी मत तोडो किसिका दिल ऐसे,
की फिर माफी मांगने का भी मौका ना मिले,
इत्तफाक से जूड जाते है कुछ लोग हमसे और फिर जिंदगी से,
संभाल के रखिये इन्हे कही ये बिखर ना जाये !

49. इस पल में जी लो..

कल किसने देखा है ?
बस इस पल में जी लो..
टूटता है विश्वास और फिर हम भी,
पर नींव उस एहसास की हिलने मत दो !
चाहे मिले नफरत,
पर प्यार निभाना मत छोडो !
जब भी उठे हात दुवा में,
खुद से पहले खुशियाँ औरो की माँगो!
चाहे कितने ही क्यु ना बदल जाये हमसे जूडने वाले, खफा हो जाते
है अकसर गलतफैमियो मे रहनेवाले !
कुछ फांसले इस कदर बढ जाते है, नजरे चुरा लेते है दिलो मे
बसने वाले !
बदल जाये कोई कितना भी,जज़्बातों को बदल नहीं सकते,
रिश्तों की इबादत करने वाले !

50. दुवा

की है कबूल हर दुवा रब ने,
अब कोई शिकवा नहीं है...
बिछ्ड गये कुछ लोग मिल के,
उसमें उसकी कोई खता नहीं है...
खो कर कुछ, बहुत कुछ पा लिया, खुद पे है भरोसा कल जितना ही,
तन्हा चलते चलते राहो में पुरा कारवाँ बना लिया...
कौन कहता है ख्वाइशे पूरी नहीं होती?
जमी पर रह कर सितारों को छू लिया...
लौटना नहीं एक बार जिस राह पर चल दिये,
हर बढता कदम कांटों पर चलकर भी
मंजिल तक पहुंच गया !

51. कैसे “अपना” कहे?

बीते हुये लम्हौ को हम कैसे “यादगार" कहे ?
रुला दिया बिना अश्क बहाये भुलाकर प्यार..
उसको कैसे "अपना" कहे?
हम तो चले थे देने खुशियो का आशियाना,
अन्देखा कर दे जो नजर उसको कैसे "जज्बात' कहे?
वक़्त के रहाते बदल गये कुछ लोग और उनके नज़रिये भी,
फिर भी दिल में बसते थे जो
जाते जाते उन्हे कैसे "अलविदा" कहे ?
वक़्त चलता रहेगा अपनी रफ्तार से,
पर हम तो वही है..
चल दिये वो अजनबी बनाकर...
उसे कैसे “इंतजार" कहे?

52. भरोसे की नींव

कोई नहीं कह सकता कब यकीन फरेब में बदल जाये..
भरोसे की नींव एक ही झटके मे हिल जाये...
चाहते तो हम भी नहीं की एतबार करें हर किसी पर,
बन जाये हमदम किसी के अपना बनाकर,
क्या पता कब कौन अपना रंग दिखा जाये...
थोडी बहुत जो अहमियत है रिश्तों की,
वो भी दिल से मिटा जाये !

53. बादल बनकर बरसने लगे !

ऐसे जियो जिंदगी के गम भी मुस्कुराने लगे..
टूटे जो ख्वाब तो फिर उसे बुनने लगे...
आसान तो नही होता किसिको भुलाना,
मुस्कुरा कर ऐसे काट लो जिंदगी की
आपको दर्द देनेवाला खुदा भी
बादल बनकर बरसने लगे !

54. अपना लिजिये!

हमे ना सही हमारे प्यार को अपना लिजिये!
दिल में ना सही, निगाहो मे पनाह दे दीजिये !
क्या पता कल फिर हमसे मुलाकात हो ना हो,
आपके कल में ना सही, आज में शामिल कर दीजिये !
मिले ना फिर शायद मौका कुछ कह पाने का,
अभी ही हर जज्बात बयान कर दीजिये !
बंदगी फिर नसीब हो ना हो किसी और की,
हमारी दुवाओं को सच कर दीजिये!
नहीं जानते क्या पाया क्या खोया तुम्हारी चाहत में,
टूटने से पहले हमें सवार दीजिये!

55. आसान नहीं होता...

हर बार अश्क नहीं बहते चोट लगने पर
इसलिये शायद बीन मौसम बरसात हो जाती है !
टूटा हुआ दिल भी जब मुस्करा के जी ले तब खुशियाँ भी रो देती है !
आसान नहीं होता किसी की चाहतों को दिल से मिटाना
ना हो जब किस्मत में साथ किसिका
तो जज्बात भी सारे अपने आप मिटने लगते है !
इनकार कर जाये जब कोई नज़र पहचानने से,
तोड जाये जब कोई एतबार एक ही पल में,
अकसर खो जाती है वजह जीने की ऐसी राहो मे
ऐसे में जिंदगी कुछ नहीं, बस साँसे चलती रहती है !

56. शुक्रिया आपका !

नहीं जानते थे कुछ भी, अंजान थे दुनियादारी से..
शुक्रिया आपका जो जीने का यहाँ सलिखा सिखा दिया !
रिश्ते-प्यार-जज्बात यही हमारी जिंदगी थी,
शुक्रिया जो दिल के नहीं दिमाग के फैसलों पे चलना सिखा दिया !
कहा जानते थे हम की सब की सोच एक सी नहीं होती,
शुक्रिया आपका जो बदलती सोच को अपनाना सिखा दिया !
नासमझ थे हम जो हर बंधन को शिद्दत से निभाते थे,
शुक्रिया आपका रिश्तों को दायरे में रहकर निभाना सिखा दिया !
खो चुके भरोसा आपका हर बार कोशिश कर के भी,
शुक्रिया आपका जो सिर्फ खुद पे भरोसा करना सिखा दिया !
माफी नहीं मिली बस सजा मिली आपसे,
शुक्रिया आपका जो पछतावे के आँसुओका मोल समझा दिया !
कोई शिकवा नहीं, ना कोई फ़रियाद
माना की आप कभी समझ नहीं पाये हमें..
शुक्रिया आपका जो समझ सकते है, उनसे वाकेफ़ करा दिया !
कुछ ही पल मिला आपका साथ, प्यार और विश्वास भी,
शुक्रिया आपका उन कुछ पलो में ही आपने हंसी,-आँसू,
कभी साथ तो कभी नाराजगी,
हर जज्बात से हमारा रिश्ता जोड दिया !

57. कारवाँ

आये थे अकेले यहा और आज देखो
दोस्तों के साथ पुरा कारवाँ बन गया ।
अंजान थे सब एक दुसरे से कभी,
और आज जान से भी प्यारा रिश्ता हमारा बन गया !
याद जब आयेंगे ये पल शरारत के,
आँखे नम होगी और लफ़्ज़ मुसकुरायेंगे...
संजो के रखना ये दोस्ती हमारी,
जिस के साथ ये खूबसूरत सफर तय कर लिया !

58. कुछ लोग..

जरुरी नही की हर बार अश्क बहे,
मुस्कुराके थाम लेते है कांटो का दामन कुछ लोग..
ना जाने कौन कब बदल जाये,
फिर भी नफरतो की गर्दिश मे मुहब्बते बाटते है कुछ लोग...
दुनिया तो देर से समझती है अहमियत हर बात की,
किसी का सब कुछ लौटा के,
बिना कुछ माँगे खुद कही खो जाते है कुछ लोग...
कितना आसान होता है ना कहना,
हक़ नही चाहते -ना ही उम्मीद रखते है,
फर्ज़ निभाने मे बहुत कुछ कर जाते है कुछ लोग...

59. सितारों से सजी दुनिया

सितारों से सजी दुनिया भी हमें पाना चाहे !
करना है कुछ ऐसा की आसमान भी झुक जाये !
ख्वाब को हक़ीक़त में बदलना आसान नहीं होता माना,
पर दिल से चाहत हो कुछ पाने की तो कायनात से लढ़ना भी मुश्किल नहीं होता !
कोई नहीं देता साथ जब सारे मतलब निकल जाये !
पर तुम जियो ऐसे की औरो की खुदगर्जी अपने आप मिट जाये !
वक़्त चलता रहता है अपनी रफ्तार से,
बस इतना खयाल रखना, चलते चलते राहो में कही हौसला ना टूट जाये !

60. हार गये खुद से

हार गये खुद से अब उम्मीद क्या करें !
फँस गये बिच तूफान में, साहिल का एतबार क्या करें !
नहीं जानते खुद भी,किस और जाना है...
नींद ही नहीं आँखों मे तो ख्वाब क्या बूने !
फिर चाहे कितनी भी सजी हो शब चांदनी से,
उसकी बात क्या करें !
ऐसे ही कट जाते है पल गुमनाम रहकर,
खूद से ज्यादा कोई और हमें बरबाद क्या करें !

61. सब कुछ पा लिया !

चाहते थे जो वो सब कुछ पा लिया !
किसी को जिंदगी से तो
किसी को अपने आप से मिलवा दिया !
मिल जाते है परवाने जब किसी मोड पर मुस्कराते हुए...
हम सोचते है...
चलो जो था जिसका उसी को लौटा दिया !

62. इबादत हो आप !

सिर्फ खुशी मे नहीं हमारी हर मुस्कराहट में शामिल हो आप !
जिंदगी तो दी खुदा ने, जीना सिखा जिनसे वो हस्ती हो आप !
साथ छोड दे जो कुछ देर साथ चल कर ऐसे खुदगर्ज हम नही,
सिर्फ भरोसा नहीं हमारी इबादत हो आप !

63. कसम

आने वाली हर बहार की कसम
आसमान के उस चाँद की कसम,
जान भी हाजिर है तुम्हारे लिये ए-दोस्त !
बाकी है जो जिंदगी उसके हर पल की कसम,
तुम मानो ना मानो हमे कुछ...
हम तो निभाएंगे दोस्ती ये वादा है !
आप से मिलवाने वाले उस रब की कसम !

64. मुहब्बत

ना की है मुहब्बत हमने पर
मुहब्बत के अलग ही रंग देखे
मुस्कराना सिखाते है जो दूसरों को,
हर दम उन के दिल रोते हुये देखे...
प्यार तो हो जाता है पल मे,
कुछ उमभर निभाने वाले तो
कुछ पल भर का खेल समझकर भुलाने वाले देखे...
यकीन नहीं होता ये..
जिसे परवाह नहीं उसकी खातिर भी
हर खुशी कुर्बान करने वाले देखे...
दिल तोड जानेवालो के लिये भी
यहाँ हाथ दुवा मे उठते देखे...
दास्ताँ-ए-मुहब्बत कुछ इस कदर जान गये हम,
मुहब्बत में सब कुछ खोने वाले ही हमने जितते हुये देखे...

65. दिल की हर धडकन

दिल की हर धडकन में वो शामिल है..
खुशी की हर दस्तक में वो शामिल है...
दुर ही सही , खुदा की बंदगी मे वो शामिल है... ,
कौन कहता है वो हासिल नहीं हमें?
वो तो हमारे हर एहसास में शामिल है..

66. सफर

देखते देखते हम जिंदगी बन जाते है किसिकी!
इस जहाँ से बिलकुल अलग हम दुनिया बन जाते है किसिकी !
सफर में मिल जाते है कई लोग अकसर,
कुछ होते है जो हर राह में शामिल हो जाते है किसिकी !
सोचते है लोग जिन्हें हारा हुआ...
असल में वो ही सबसे बड़ी जीत बन जाते है किसिकी !

67. खामोश लफ्ज़

सून सको तो सून लो की मैं बोलती नही...
की खामोश लफ्ज़ मेरी आँखो मे घुमते नही...
पढ सके कोई मूझे मैं ऐसी किताब नही...
हो जाती है तकरार यु ही ,
की दुवाओं में मैं किसिकी शामिल नही...
कर सको ऐतबार तो कर लेना..
की वादे मैं भुलाती नही...
की जुठा यकिन मेरी फितरत में नही..
तु ही बता कितना इंतजार करे हम ?
की जितना प्यार मेरे दिल में है तेरे दिल में नही..
तुने भी नही दिया साथ आज मेरा क्यु?
की मेरे होने ना होने का तुझे एहसास ही नही...
उम्मीद थी सिर्फ तुझसे ये मूझे,
की आज मेरी उम्मीद में वो कशिश नही...
फिर भी कोई शिकायत नही तुझसे..
की मेरी खुशी तेरी खुशी से बढ़कर नही...
और कहा तन्हा हु मैं? की अकेले हो कर भी तेरे ना होने का एहसास नही...

68. हमारे प्यार से होगी !

शिकायत आपको बेरुखी से नही,
हमारे प्यार से होगी !
जो सबसे ज्यादा इबादत करे उस दिल से होगी !
इतना जो सताते हैं हम,
शिकायत आपको हमारे बचपने से होगी !
हद से ज्यादा हक़्क़ जताते है आप पे,
तब तो फिर शिकायत हमारी जिद्द से भी होगी !
फिर भी कहते हो नाराज नही..
कुछ शिकायत उस नाराज़गी में भी होगी !
कैसे मनाये आपको बोलो?
क्युकी शिकायत आपको बेरुखी से नही,
हमारे प्यार से होगी !

69. डर

कोई ना बने अपना तो कोई गम नहीं,
डर तो पा के फिर खोने का लगता है..!
डर अंधेरे से नहीं,
रौशनी के साथ छोड देने से लगता है..!
तन्हा सफर तो फिर भी आसान है दोस्तों..
कोई बिच सफर में ना छुडाले दामन...
इस खयाल से डर लगता है !

70. उम्मीद नहीं करते

उम्मीद नहीं करते हम वफा की,
हमने हर अपने से बेवफाई पायी है !
दिल को शिशा समझ के तोडनेवालो से भी
सच्ची प्रीत निभाई है !
अब सोच लिया है
किसिको अपना नहीं बनायेंगे,
जज़्बातों से खेल सके इतना करीब नहीं जायेंगे...!

71. नादान

अपनो को छोड हम गैरो को अपनाने चले थे।
उनकी थोडी सी कशिश को उनका प्यार मान बैठे थे !
हम है ही इतने नादान...
खुद सहरा में हो कर,
औरो की दुनिया गुलशन बनाने
चले थे !

72. इश्क़ की इबादत

इश्क़ की इबादत जिंदगी भर करेंगे !
आप चाहे ना चाहे हमें, हम तो आप ही की पूजा करेंगे ।
जब दिल कोई तोड दे आपका, लौट आइयेगा हमारे पास...
हर लम्हा हम आप के इंतजार में ही जीएंगे !

73. अश्क

कुछ अश्क आँखो से कभी बहाये नही जाते...
कुछ जख्म वक़्त के साथ भी भर नही पाते...
चाहे कितने भी गिले-शिकवे हो दरमिया,
कुछ लोग दिल से कभी निकाले नही जाते !

74. तेरा साथ

टूट गया वो बंधन जो दिल के धागो से जुदा था !
भूला दिया वो हर लम्हा जिस मे तेरा साथ पाया था !
मिट चुके है हर जज्बात दिल से...
हमने सिर्फ आपके प्यार को पाना चाहा था !
कैसे समझाते हम आपको,
आपने तो जुठ को ही सच माना था !

75. क्या कहना?

यकीन ही नहीं जिन्हें, उनसे क्या कहना?
टूटा हुआ दिल , बिखरे
सपने ..
हुए सारी उम्र न जाने कैसा दर्द हमें है सहना !
हमारा प्यार शायद उनके दिल में रही नफरत को मिटा दे...
तनहाइयों की ये शाम चाँद-सितारों से सजा दे...
इसी उम्मीद के सहारे जी रहे है हम...
रुठे हुए दिलो को रब फिर मिला दे !

76. ख्वाबों में भी नहीं सोचा था

ख्वाबों में भी नहीं सोचा था की वो मिलेंगे कुछ इस कदर,
जैसे मिलते है मौजे किनारों से शामों -सहर !
वो कहे तो हर खुशी उनके नाम कर दे..
बाकी हैं जो जिंदगी वो उन्हें बहाल कर दे...
हम जानते है वो नहीं रह पायेंगे हमारे बगैर,
चाहे वो कितने भी फासले बढा दे...

77. अफसाना

जो रिश्ते बने थे रब की मर्जी से,
आज टूट के वो बिखर चुके !
खता समझ बैठे वो प्यार को ही,
ना जाने क्यु हम उन पर एतबार कर चुके !
वफा कुछ निभाई इस कदर,
उनके हर अंदाज को अपना बना चुके !
ना जिक्र कर पाये हम किसी से उनकी बेरुखी का,
सजाए सारी हम अपने नाम कर चुके !
नहीं करते अब उम्मीद किसी के साथ की,
रूह में रब जान की तरह बस चुके !
जीत गये जंग हार कर उनसे,
जश्न उनसे बेहतर हम मना चुके !
दिल से मिटा दे पर यादों से नहीं मिटा पायेंगे वो हमें
दुनिया भी याद करेगी, हम ऐसा अफसाना बन चुके !

78. कोशिश

कोशिश कर रहे है कुछ यादों को मिटाने की !
टूट चुका है जो दिल उसे फिर सँवारने की !
भूल चुके जुठे रिश्तों की, जुठी नुमाइश...
बदल चुके राह हम मंजिल तक पहुंचने की !

79. नासमझ

कितनी प्यारी होती है वो मुस्कराहट,
जो दिल से दी जाये..
रिश्ते सारे बीन शर्त निभाए जाये...
जब से समझने लगे हैं नज़रिये औरो के,
जी करता हैं नासमझ हम हो जाये !

80. अहमियत

इबादत करते है जिस में सच्चाई हो..
पर भुल से भी नहीं पिघलता ये दिल जहां जुठी नुमाइश हो...
फिर चाहे कोई कुछ भी समझे,
झुको वही जहां अहमियत जज़्बातों की हो !

81. अफ़सोस नहीं रहा...!

नहीं मानते हम सबको अजीज...
इस बात का अब कोई अफ़सोस नहीं रहा...!
जान गये हर किसी को...
खुद की सोच पर आज अफ़सोस नहीं रहा...!
जिसे अपना माना है वो तो है मेरे साथ...
बाकियो से दुर भी जाना पड़े तो अब अफ़सोस नहीं रहा...!

82. ना “अश्क' बचे है ना “अंदाज"

ना "जज्बात" बचे है ना "अल्फाज",
ना “अश्क' बचे है ना “अंदाज",
कैसे हो सकता है कोई इतना सख्त दिल?
जो औरो के दिलो मे से भी मुहब्बत मिटा
संजो के रखे थे चंद लम्हे खुशियोभरे वो भी भुला दे...
यही वजह है ना “यादे" बची है ना “ख्वाब",
ना “धडकन" बची है ना ही “जान"!

83. दस्तूर

अश्क तो खो गये है फिर भी आँखों में नमी है...
टूटे हर तरह से फिर ना जाने क्यु होठों पे हँसी है...
बिखर जाते है रिश्ते पर दिल से किसिको मिटाया नहीं जाता,
यही दस्तूर है दुनिया का ,
जिन्हें अपना कहा जाये वो ही गहरे घाव दे जाते है !

84. परवाह

परवाह नहीं किसी की ना फ़रियाद है किसिसे...
एतबार नहीं ना वफा की उम्मीद है किसिसे...
खूब देख चुके लोगों को बदलते
ना चाहत किसिकी ना शिकवा है किसिसे...!

85. वक़्त

किस्मत पे किसिका जोर नहीं चलता!
यादों को दिल से कोई मिटा नहीं पाता !
चुभते है वो पल जब वो साथ थे हमारे,
वक़्त भी हर जख्म भर नहीं पाता !
मजाक बना के रख दे जो जज़्बातों को,
यकीनन वहाँ दिल नहीं होता !

86. जश्न

जश्न जीत का ही नहीं हार का भी मनाया जाता है !
टूट के भी आँसुओको मुस्कराहटों में छिपाया जाता है !
कर्जदार रहना उस रब के हमेशा,
खो कर भी सब कुछ ,
उम्मीदों के सहारे जो आगे बढ़ना सिखाता है !

87. आसान नहीं होता

आसान नहीं होता अपनाकर किसिको फिर बेगाना कर देना...
रिश्तों की मिठास को दिल की गहराई से मिटा पाना !
आ ही जाते है अश्क उन्हें याद कर के,
इतना ही कहेंगे...
"पा के किसी को खो मत देना"!

88. खुशनसीब हो आप..

कोई दूर हो के भी बहुत पास होता है,
तो कोई करीब हो के भी फांसलो में जीता है,
खुशनसीब हो आप की कोई
अब भी आप की रूह में बसता है...

89. बेशकीमती अल्फाज

अल्फाज बेशकीमती होते है जरूर,
पर हर दास्ताँ को वो बयाँ नहीं कर पाते...
लोग तो जुठी तारीफें भी कर दिया करते है शब्दों से,
तभी हर बार हम इनपर यकीन नहीं किया करते !

90. वादे

खैर औरो से किए वादे शायद हम भूला भी दे
पर कुछ वादे औरो के लिये
हम अपने आप से कर जाते है...
और फिर उसे निभाने में हम खुद से ही नाइन्साफी कर जाते है।

91. ना जाने क्यु..

छुटते ही नहीं कुछ हाथ ना जाने क्यु...!
लाख चुराते हो नज़र पर ना जाने क्यु...
खयालों से मिटते ही नहीं कुछ लोग !
मजाक करते है जो भरी महफिल में जज़्बातों का,
फिर भी आना चाहते है वापस लौट के ना जाने क्यु..
समझ ही नहीं पाते हम क्या सही और क्या गलत,
फिर भी बार बार यकीन कर जाते है उन पर ना जाने
क्यु...

92. जरूरी नहीं

जिंदगी से चले जाते है जो लोग,
जरूरी नहीं वो दिल से भी निकल जाये...
जिन्हे देखना भी नामंजूर हो,
जरूरी नहीं वो खयालों से भी निकल जाये...
भीड में छोड़ दे जिन्हें अकेला हम,
जरूरी नहीं तनहाई में वो हमारे बीन रह जाये...

93. यादें ही है ..

यादें ही है जो बीन बुलाये चली आती है...
पल भर हंसा के फिर आँखों में नमी छोड जाती है...
भले ही तोड चुका हो कोई प्यारा सा बंधन,
यादें ही हैं जो बीन उसके भी जीना सिखा देती है...!

94. इतना मत मानो

इतना मत मानो किसिको की
हम खुद को ही अनसुना कर जाये...
उन्हे मुस्कुराता देखने की जिद मे,
अपने लिए सिर्फ अश्क रह जाये...
हर कोई नही रहता अपना जब मतलब निकल जाये...
जनाब,
कही ऐसा ना हो की
किसी से उम्मीद रखना आपकी आदत बन जाये..

95. पीछे छुट गये...

छुटे दोस्त और
वो शरारत भरे लम्हे भी कही पीछे छुट गये...
मुस्कराहटें तो कायम है पर
रोया जा सके जीन कन्धो पर सर रख के
वो सहारे खो गये...!

96. किसिको पाया...

किसिको पाया तो किसिको खो दिया
कही जूड़ गये रिश्ते तो कही कोई नाराज हो गया
कब तक मनाते रहे सबको?
पहले हंसाकर फिर हर शख्स रुला गया !

97. प्यार ना जताने वाले !

अजीज बन गये अजनबी की तरह पेश आने वाले..
दिल में बसा गये ,दिल तोड कर जाने वाले..
माना की बहुत सी शिकायत है पर
भरोसा भी है उन पर,
क्युन्की हर मुश्किल में साथ देने आ जाते है,
बिच राह में तनहा कर जाने वाले..
हमने तो बस इतना जाना...
प्यार निभा जाते है ,प्यार ना जताने वाले !

98. जब लौटेंगे फिर से...

बरस के ये बादल आज बहुत जल्दी लौट गये...
हम पूछने ही वाले थे वजह और वो बात अधुरी छोड गये...
कह गये अभी मत करो तुम कोई सवाल..
जब लौटेंगे फिर से...
आपके हर सवाल से पहले जवाब दे जायेंगे !

99. जज़्बातो मे मिलावट

दिल मे नफरते, होठो पे मुस्कराहट लिये फिरते है...!!!
हैरान है इस अंदाज को देखकर...
की लोग जज़्बातो मे भी आजकल मिलावट किये फिरते है...!!!

100. जरा जो मुस्कुरा दिये...

जरा जो मुस्कुरा दिये लोगो ने खुशहाल समझ लिया...
हम हारे अपनी मर्जी से और लोगो ने नाकाम समझ लिया...
ये दुनिया सोच लेती है वो, जो वो सोचना चाहे ..
हम तो बस साँसे लेते है और लोगो ने जिंदा समझ लिया...

101. कायम है...

यु बदल के रास्ता, फेर के नजरे वो कितना कुछ जता गये...
के उन पर मेरा असर कायम है,
मेरा इख्तियार कायम है...
लबों पे ना सही...
दिल में तो अब भी मेरा ही जिक्र कायम है...

CPSIA information can be obtained
at www.ICGtesting.com
Printed in the USA
BVHW071030291121
622764BV00001B/125

9 781685 869502